기후 위기, 지구가 아파요!

기후 위기, 지구가 아파요!

초판 발행 2021년 5월 25일 **초판 2쇄 발행** 2023년 5월 20일
지은이 데이비드 웨스트 · 올리버 웨스트 **옮긴이** 장미정
펴낸곳 지구별어린이 **펴낸이** 진영희 **출판등록** 2005년 8월 4일
주소 10403 경기도 고양시 일산동구 백마로 223, 630호
전화번호 031-905-9435 **팩스** 031-907-9438
전자우편 touchart@naver.com **ISBN** 979-11-87936-43-5 77450

* 지구별어린이는 터치아트의 어린이책 브랜드입니다.

WHAT ON EARTH IS?: CLIMATE CHANGE
Copyright © 2021 by David West Children's Books
All rights reserved.
This Korean edition was published by TouchArt Publishing Co., Ltd. in 2021 by arrangement with
DAVID WEST CHILDREN'S BOOKS through KCC(Korea Copyright Center Inc.), Seoul.

이 책은 (주)한국저작권센터(KCC)를 통한 저작권자와의 독점계약으로 (주)터치아트에서 출간되었습니다.
저작권법에 의해 한국 내에서 보호를 받는 저작물이므로 무단전재와 복제를 금합니다.

* KC마크는 이 제품이 공통안전기준에 적합함을 의미합니다.

 모델명: 기후 위기, 지구가 아파요! **제조년월**: 2023. 5. 20 **제조자명**: 지구별어린이
제조국: 대한민국 **주소**: 경기도 고양시 일산동구 백마로 223, 630호 **전화번호**: 031-905-9435

기후 위기,
지구가 아파요!

데이비드 웨스트 · 올리버 웨스트 지음 | 장미정 옮김

지구별어린이

지은이 데이비드 웨스트

대학에서 그래픽 디자인을 공부하고 35년 넘게 어린이책을 만들고 있습니다.
어린이들의 호기심을 채워 주는 과학, 자연, 역사 등 다양한 분야의 논픽션 그림책을 만듭니다.
그가 쓴 책들은 영국, 미국을 비롯해 전 세계의 주요 어린이 추천 도서 목록에 선정되었으며,
미국에서는 주요 상을 받았습니다. 우리나라에 소개된 책으로 《뇌 속의 놀라운 비밀》,
《어린이를 위한 발명과 발견 교과서》 등이 있습니다. 현재 런던에 살고 있습니다.

지은이 올리버 웨스트

대학에서 3차원 컴퓨터 애니메이션을 공부하고 출판 분야에서 10년 넘게 일했습니다.
과학, 우주, 환경, 역사 등 다양한 분야의 책을 쓰고 디자인합니다.
현재 런던에 살고 있습니다.

옮긴이 장미정

자연과 사람이 더불어 행복한 세상을 꿈꾸는 환경교육가입니다.
대학에서 환경학을, 대학원에서 환경교육을 전공했습니다.
모두를위한환경교육연구소 대표로 재직 중이고, 한국외대와 서울대에서 환경교육 강의로
학생들을 만나고 있습니다. 한국에너지정보문화재단 비상임이사, (사)환경교육센터 이사,
환경부 환경교육진흥실무위원으로도 활동하고 있습니다. 지은 책으로 《환경아, 놀자》(대표 집필),
《맑은 공기가 필요해!》 등이 있고, 옮긴 책으로 《내 친구, 지구를 지켜 줘!》 등이 있습니다.

차례

지구와 태양 · 6

태양 에너지 · 8   완벽한 온도 · 10

날씨 · 12   기후 · 14

온실 지구와 냉실 지구 · 16

기후 변화의 원인 · 18

급격한 기후 변화 · 20   인간의 활동 · 22

집약적 농업 · 24   땅에 묻은 쓰레기 · 25

온실가스, 빙하가 녹아요 · 26

영구 동토층이 녹아요 · 28

전기 자동차와 재생 에너지 · 30   재활용 · 32

용어 설명(본문 중 *표가 있는 낱말) · 33

이곳은 우리의 고향,

달

북극

지구 대기권

지구입니다!

우리가 사는 지구는 **태양**과 **달**이 함께 이루고 있어요.

태양 에너지는
지구를 **따뜻하게** 해 줍니다.

태양으로부터 오는 열

일부 열은 땅에 흡수됩니다.

일부 **열**은 반사되고, 일부 열은 **구름**과 **대기** 중의 **가스**가 잡아 둡니다.

일몰 열은 구름과 대기 중의 가스에 반사되어 튕겨 나갑니다.

일부 열은 구름과 대기 중의 가스 때문에 갇혀 있습니다.

일부 열은 바다에 흡수됩니다.

우리가 살고 있는 **지구**에 꼭 맞는

완벽한 온도가 있어요.

완벽한 온도에서는……

모든 생명체가 **건강하고 행복하게** 살아갑니다.

밖에 나가 보세요.

따뜻하고 맑나요?

아니면 **춥고 비가 오나요?**

여러분이 사는 곳의
오늘 날씨를 관찰해 보세요.

날씨는 하루에도 여러 번
변할 수 있습니다.

기후는 날씨와 다릅니다.

지구에는 다섯 종류의 기후 지역이 있습니다.

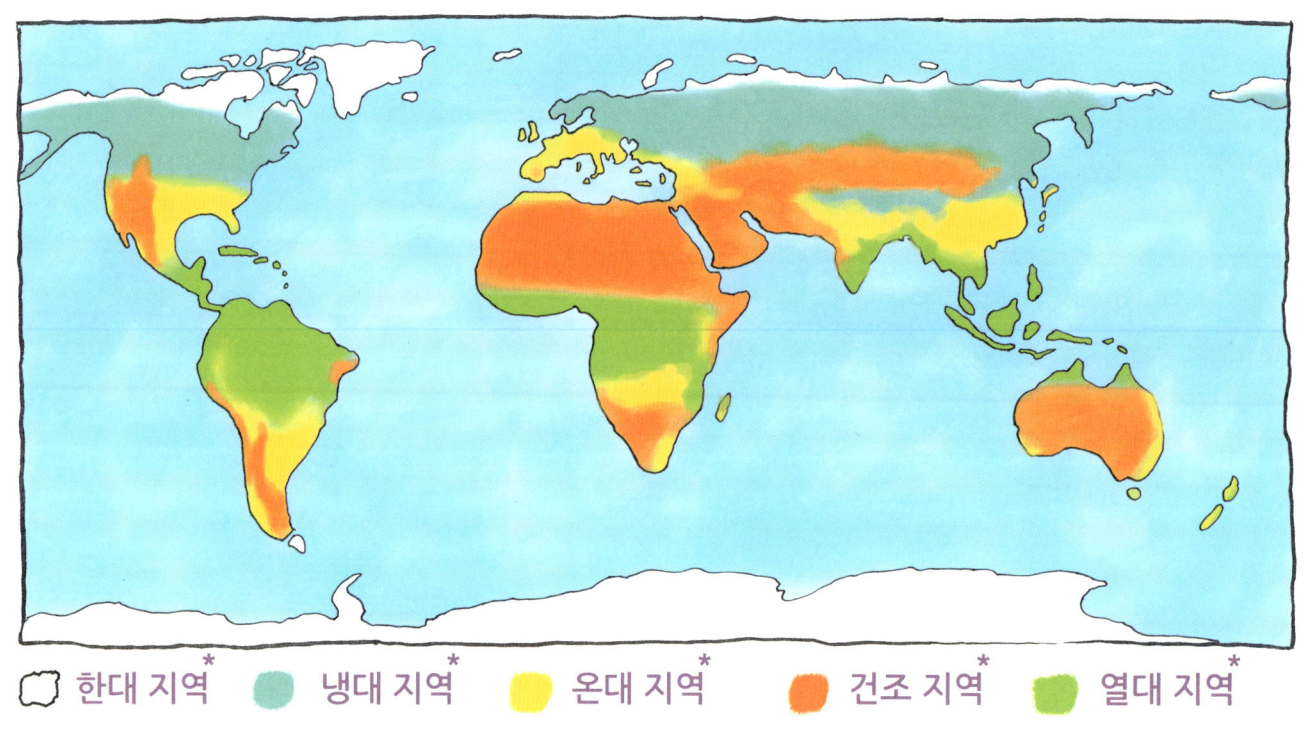

한대 지역* 　 냉대 지역* 　 온대 지역* 　 건조 지역* 　 열대 지역*

기후는 일정한 지역에서
30년 이상 나타난
평균적인 날씨 상태를 말해요.

지구 환경의 균형이 깨지면
기후가 변합니다.

지구의 기후는 과거에도
여러 번 변했습니다.

온실 지구*라고 부르는 매우 따뜻한 시기도 있었고……

이 시기에는 거대한 곤충이 살았습니다.

거대한 지네
아르트로플레우라

거대한 잠자리
메가네우라

당시는 초기 석탄기*로 평균 기온이 섭씨 20도였습니다.
오늘날의 평균 기온은 섭씨 14.4도입니다.

냉실 지구라고 부르는
아주 추운 시기도 있었어요.
이때 **지구**는 **빙하기**를 겪었습니다.

마지막 빙하기에 포유류의 몸에는
체온을 보호하기 위한 두터운 털이 자랐습니다.

털매머드

털코뿔소

초기 인류

지구에는 빙하기가 적어도 다섯 번 있었습니다.
마지막 빙하기는 258만 년 전에 시작되었고
오늘날보다 평균 기온이 섭씨 11도 정도 더 낮았습니다.

지구의 기후 변화는
지구 궤도와 **태양 에너지**의 변화,

지구는 태양의 둘레를 돌면서 태양과 가까워지기도 하고 멀어지기도 합니다.

태양 에너지는 시간에 따라 변화합니다.

지구 궤도

태양으로부터 멀어지면 지구는 무척 추워집니다.

지각이 움직일 때 일어나는 **화산 폭발**,
바다에 갇혀 있던 **온실가스* 분출** 등

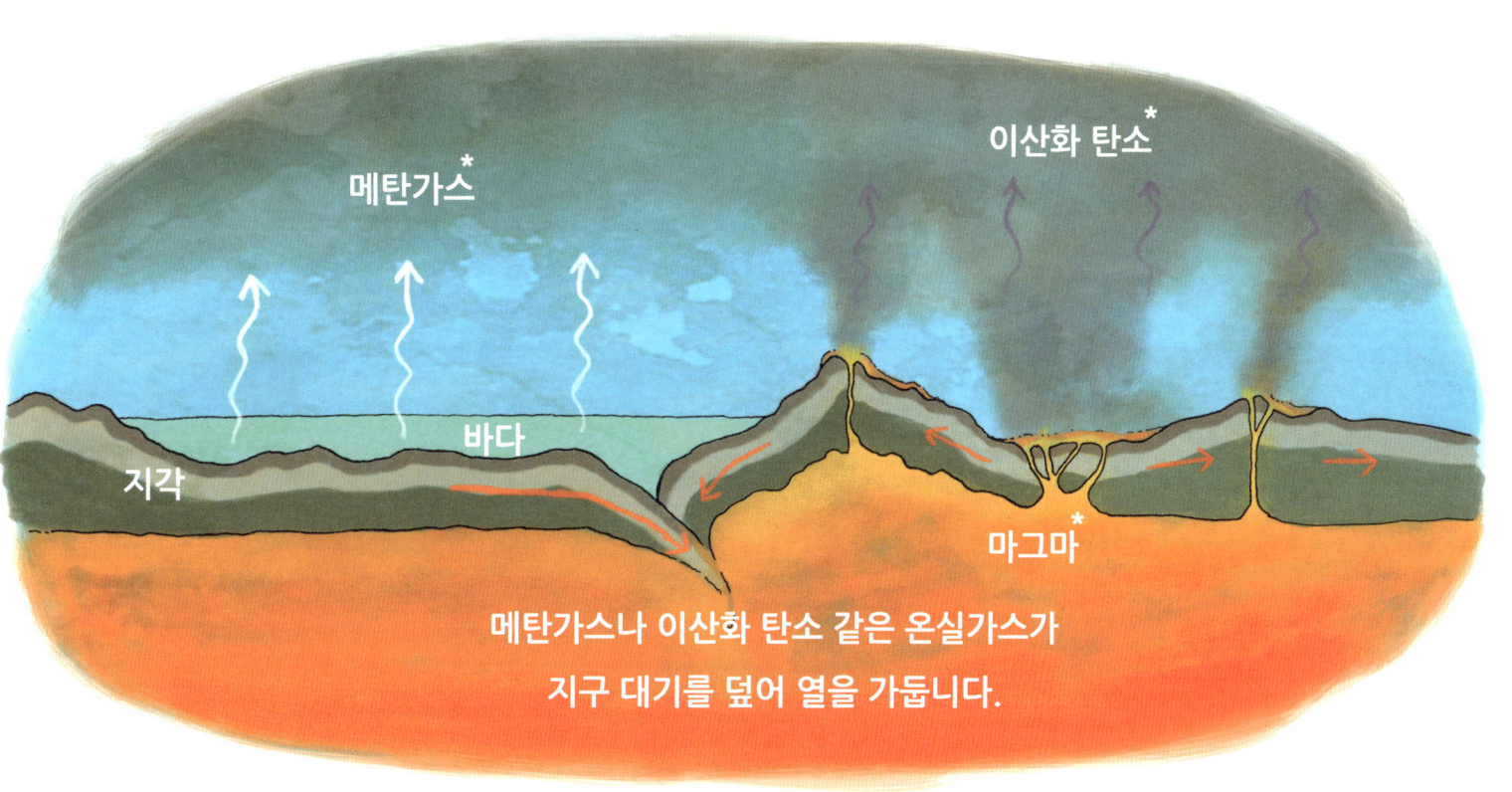

메탄가스나 이산화 탄소 같은 온실가스가
지구 대기를 덮어 열을 가둡니다.

여러 **자연 현상** 때문에 일어납니다.

급격한 기후 변화는 살아 있는
생명체에게는 끔찍한 재앙입니다.
심각한 기후 변화 속에서
일부는 변화된 환경에 가까스로
적응하여 살아남습니다.

6천 5백만 년 전, 커다란 운석이*
지구와 충돌한 후 일어난
급격한 기후 변화로
공룡이 멸종했어요.

공룡이 멸종하자
포유류가 번성했습니다.

21

인간의 활동 때문에 온실가스가 점점 늘어납니다.

화석 연료를 사용할 때 엄청난 양의 이산화 탄소가 나옵니다.

화석 연료*를 사용하고,

집약적 농업은
많은 문제를 일으킵니다.

소는 먹이를 소화할 때 트림과 방귀로 엄청난 양의 메탄가스를 내뿜습니다.

소와 같은 **가축**은 가장 심각한
온실가스인 **메탄가스**를 만들어 냅니다.

온실가스는 온실의 유리처럼 지구를 감싸 따뜻하게 만듭니다.

온실 효과는 빛은 받아들이고 열은 내보내지 않는 온실과 같은 작용을 한다는 데서 생긴 말입니다.

하지만 온실가스가 너무 많아져 지구가 지나치게 뜨거워지고……

만년설과 빙하가 녹아내리면 해수면이 67미터 이상 높아져

자유의 여신상의 높이가 94.5미터입니다.

낮은 지역은 모두 물에 잠깁니다.

한대 기후 지역의 **영구 동토층***이
녹으면 **온실가스**가 빠져나오고
온실 효과의 속도가 더욱 빨라집니다.

영구 동토층이 녹으면 갇혀 있던
이산화 탄소와 메탄가스가 빠져나옵니다.

반동토층

영구 동토층

얼지 않은 층

얼음이 모두 녹아버리면
지구는 태양열을 **반사**하지 못하고
흡수해 더욱 더워질 것입니다.

지구가 더 더워지면
날씨 변화도 심해집니다.

더 강한 폭풍이 발생하고   많은 지역에 가뭄이 들고   수많은 동물과 식물이 사라질 거예요.

지구가 더워지는 것을 막으려면 어떻게 해야 할까요?

온실가스를 줄이려면
전기 자동차를 타고,

재생 에너지를 더 많이 사용해야 합니다.

재생 에너지는 바람, 태양, 바다, 강, 땅 등 자연에서 얻는 에너지입니다.

재생 에너지는 화석 연료를 사용하는 화력 발전소를 대체할 수 있습니다.

풍력 발전소
수력 발전소
댐
조력 발전소*
지열 발전소
태양광 발전소
태양광 전지판*
지열

재활용을 실천하고 나무를 심는 일만으로도 지구를 행복하게 할 수 있습니다.

음식물 쓰레기를 땅에 묻지 말고 비료를 만들 때 활용합니다.

공기 중의 이산화 탄소를 흡수할 수 있도록 나무를 많이 심습니다.

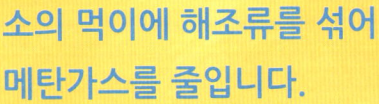

소의 먹이에 해조류를 섞어 메탄가스를 줄입니다.

용어 설명

건조 지역 비가 매우 적게 내려 나무가 거의 자라지 못하는 황량한 사막과 사막 주변의 초원 지대.

냉대 지역 북반구의 온대와 한대 기후 사이에 발달한 기후 지역. 겨울이 춥고 길며 여름은 짧고 비교적 기온이 높다.

냉실 지구 지구에 빙하기 존재하는 시기. 날씨가 추워 빙하기 늘어나는 빙하기와 날씨가 따뜻해져 빙하가 줄어드는 시기인 간빙기가 번갈아 나타난다. 현재는 냉실 지구의 간빙기이다.

대기 지구와 같은 행성을 둘러싸고 있는 기체.

마그마 지구 내부의 높은 열로 깊은 땅속 암석이 녹아 있는 상태.

만년설 남극이나 북극 지방 또는 높은 산지에 녹지 않고 항상 쌓여 있는 눈.

메탄가스 동물이나 식물이 썩을 때 생기는 가스. 소와 같은 가축이 풀을 소화시킬 때도 메탄가스가 많이 나온다. 이산화 탄소보다 매우 강한 온실가스이다.

빙하기 기온이 낮아 빙하가 발달하여 지구의 3분의 1 이상이 빙하로 뒤덮인 시기.

석탄기 3억 5천만 년 전에서 2억 9천만 년 전까지의 기간. 울창한 숲이 발달했고, 나무들이 땅속에 묻힌 후 오랜 시간이 흐른 뒤 석탄이 되었기 때문에 석탄기라고 불린다.

열대 지역 일 년 내내 매우 덥고 비가 많이 오는 지역.

영구 동토층 땅이 일 년 내내 언 상태로 있는 지대.

온대 지역 기온이 온화하고 사계절이 뚜렷한 기후 지역. 비나 눈 등이 알맞게 내려 사람이 살기에 좋다.

온실가스 지구에 있는 열을 지구 밖으로 빠져나가지 못하도록 막아서 지구의 평균 기온을 일정하게 유지시키는 기체. 너무 많아지면 급격한 지구 온난화의 원인이 된다.

온실 지구 현재보다 대기 중에 이산화 탄소 농도가 10~20배 높아 아주 따뜻했던 시기로 생물이 매우 번성했다. 공룡이 살았던 쥐라기도 온실 지구 시기이다.

운석 우주로부터 날아온 유성이 지구 대기 중에서 다 타버리지 않고 땅에 떨어진 것.

이산화 탄소 물질이 타거나 생물이 숨 쉴 때 생기는 무색의 기체로 온실 효과를 일으킨다.

조력 발전소 밀물 때 들어온 바닷물을 막아 두었다가 썰물 때 물이 바다로 빠져나가려는 힘을 이용해 전기를 만든다.

지구 궤도 지구가 태양의 둘레를 도는 타원형의 길.

집약적 농업 많은 자본과 노동력을 들여 수확량과 수익을 최대로 높이려는 농업 방식.

태양광 전지판 햇빛을 모아 전기 에너지로 바꾸는 전력 공급 장치.

한대 지역 지구상에서 가장 추운 지역. 북극과 남극 주변으로 일 년 내내 눈과 얼음으로 덮여 있다.

화석 연료 땅에 묻힌 식물이나 동물이 오랫동안 열과 압력을 받아 석탄, 석유, 천연가스 등으로 변한 것.